essentials

Essentials liefern aktuelles Wissen in konzentrierter Form. Die Essenz dessen, worauf es als „State-of-the-Art" in der gegenwärtigen Fachdiskussion oder in der Praxis ankommt. Essentials informieren schnell, unkompliziert und verständlich

- als Einführung in ein aktuelles Thema aus Ihrem Fachgebiet
- als Einstieg in ein für Sie noch unbekanntes Themenfeld
- als Einblick, um zum Thema mitreden zu können.

Die Bücher in elektronischer und gedruckter Form bringen das Expertenwissen von Springer-Fachautoren kompakt zur Darstellung. Sie sind besonders für die Nutzung als eBook auf Tablet-PCs, eBook-Readern und Smartphones geeignet.

Essentials: Wissensbausteine aus Wirtschaft und Gesellschaft, Medizin, Psychologie und Gesundheitsberufen, Technik und Naturwissenschaften. Von renommierten Autoren der Verlagsmarken Springer Gabler, Springer VS, Springer Medizin,

Springer Spektrum, Springer Vieweg und Springer Psychologie.

Norman Pelzl • Andreas Helferich
Georg Herzwurm

Wertschöpfungsnetzwerke deutscher Cloud-Anbieter

HMD Best Paper Award 2013

Mit einem Vorwort von Prof. Dr. Susanne Strahinger

 Springer Vieweg

Norman Pelzl
Andreas Helferich
Georg Herzwurm

Universität Stuttgart
Betriebswirtschaftliches Institut, Abteilung VIII
Stuttgart
Deutschland

Schon erschienen in: Pelzl N.; Helferich A.; Herzwurm, G.: Wertschöpfungsnetzwerke deutscher Cloud-Anbieter. HMD – Praxis der Wirtschaftsinformatik 50 (2013), 292, S. 42–52.

ISSN 2197-6708   ISSN 2197-6716 (electronic)
ISBN 978-3-658-07010-6   ISBN 978-3-658-07011-3 (eBook)
DOI 10.1007/978-3-658-07011-3

Die Deutsche Nationalbibliothek verzeichnet diese Publikation in der Deutschen Nationalbibliografie; detaillierte bibliografische Daten sind im Internet über http://dnb.d-nb.de abrufbar.

Springer Vieweg ist eine Marke von Springer DE. Springer DE ist Teil der Fachverlagsgruppe Springer Science+Business Media
www.springer-vieweg.de

Vorwort

Der prämierte Beitrag

Die Bereitstellung von IT-Leistungen über die Cloud ist heute aus dem Spektrum gängiger IT-Dienstleistungen kaum mehr wegzudenken. Nahezu jeder IT-Dienstleister muss sich daher die Frage stellen, ob und welche Leistungen als Cloud-Dienst angeboten werden können. Solche Cloud-Dienste werden typischerweise durch das Zusammenwirken verschiedener Akteure in Wertschöpfungsnetzwerken erbracht. Eine systematische Analyse solcher Netzwerke kann Cloud-Anbietern grundlegende Ansatzpunkte für die Ausrichtung ihrer Strategien durch Neukonfiguration bieten. Die drei Autoren des prämierten Beitrags zeigen auf Basis ihrer Analyseergebnisse zielgerichtete Handlungsoptionen auf.

In ihrem Beitrag „Wertschöpfungsnetzwerke deutscher Cloud-Anbieter" (HMD 292), der in diesem Band in einer längeren Fassung veröffentlicht wird, gehen sie daher der Frage nach, in welchen Konstellationen Cloud-Anbieter in Deutschland typischerweise ihre am Markt angebotenen Leistungen erstellen. Gängig sind Wertschöpfungsnetzwerke, in denen spezialisierte Dienstleister eng zusammenarbeiten. Die Autoren identifizieren diese Akteure mit ihren typischen Rollen und analysieren ihr Zusammenwirken. Auf dieser Basis definieren sie eine typische Wertschöpfungskette zur Erstellung von Cloud-Dienstleistungen. Sie gehen davon aus, dass in der Realität anzutreffende Cloud-Wertschöpfungsnetzwerke jeweils spezifische Konfigurationen ihrer abstrahiert beschriebenen Wertschöpfungskette darstellen und vermuten, dass es Gruppen sehr ähnlicher Konfigurationen über verschiedene Anbieter gibt.

Mittels einer Cluster-Analyse untersuchen sie 80 deutsche Cloud-Anbieter mit insgesamt 82 Cloud-Diensten. Im Ergebnis sind 10 gut abgrenzbare Cluster identifizierbar. Am Beispiel von idealtypischen Wertschöpfungsarchitekturen zeigen die Autoren auf, dass sich durch Anpassungen der Wertschöpfungsnetzwerke (Neukonfiguration) zielgerichtete Strategien verfolgen lassen. Sie diskutieren dabei zwei übergeordnete Möglichkeiten zur Neukonfiguration, nämlich innerhalb des bestehenden Wertschöpfungsnetzwerkes durch Verkleinerung, Vergrößerung, Aufgabe oder Neuformierung von Wertschöpfungsaktivitäten, ohne die eigentliche Wertschöpfungsarchitektur zu ändern, oder alternativ durch Wechsel dieser Architektur.

Am Beispiel dreier deutscher Cloud-Anbieter werden diese Analyseergebnisse veranschaulicht und ergänzt, um einen Ausblick darauf zu geben, welche Neukonfigurationen prinzipiell denkbar wären. Die Optionen, welche die Autoren am Beispiel dieser drei Fälle aufzeigen, sind zugleich handlungsanleitend für andere Cloud-Anbieter. Somit können sich angehende Dienstleister einen Eindruck verschaffen, welche Konfigurationen am deutschen Markt gängig sind. Etablierte Anbieter erhalten darüber hinaus konkrete Anregungen, wie sie sich durch Neukonfiguration strategisch besser ausrichten können. Der Beitrag passt mit diesen Ergebnissen zudem idealtypisch in das Schwerpunktheft HMD 292 „Geschäftsmodelle der IT-Industrie", in dem er ursprünglich erschienen ist.

Die Jury hat an diesem Beitrag besonders beeindruckt, dass die Autoren aus ihrer empirischen Analyse einen erkennbaren Beitrag zum Erkenntnisfortschritt ableiten konnten, der auch handlungsanleitend wirkt. Zudem haben die gute Nachvollziehbarkeit und die argumentative Überzeugungskraft des Beitrags die Jurymitglieder besonders überzeugt.

Die HMD – Praxis der Wirtschaftsinformatik und der HMD Best Paper Award

Alle HMD-Beiträge basieren auf einem Transfer wissenschaftlicher Erkenntnisse in die Praxis der Wirtschaftsinformatik. Umfassendere Themenbereiche werden in HMD-Heften aus verschiedenen Blickwinkeln betrachtet, so dass in jedem Heft sowohl Wissenschaftler als auch Praktiker zu einem aktuellen Schwerpunktthema zu Wort kommen. Den verschiedenen Facetten eines Schwerpunktthemas geht ein Grundlagenbeitrag zum State of the Art des Themenbereichs voraus. Damit liefert die HMD IT-Fach- und Führungskräften Lösungsideen für ihre Probleme, zeigt ihnen Umsetzungsmöglichkeiten auf und informiert sie über Neues in der Wirtschaftsinformatik. Studierende und Lehrende der Wirtschaftsinformatik erfahren zudem, welche Themen in der Praxis ihres Faches Herausforderungen darstellen und aktuell diskutiert werden.

Wir wollen unseren Lesern und auch solchen, die HMD noch nicht kennen, mit dem „HMD Best Paper Award" eine kleine Sammlung an Beiträgen an die Hand geben, die wir für besonders lesenswert halten, und den Autoren, denen wir diese Beiträge zu verdanken haben, damit zugleich unsere Anerkennung zeigen. Mit dem „HMD Best Paper Award" werden alljährlich die drei besten Beiträge eines Jahrgangs der Zeitschrift „HMD – Praxis der Wirtschaftsinformatik" gewürdigt. Die Auswahl der Beiträge erfolgt durch das HMD-Herausgebergremium und orientiert sich an folgenden Kriterien:

- Zielgruppenadressierung
- Handlungsorientierung und Nachhaltigkeit
- Originalität und Neuigkeitsgehalt
- Erkennbarer Beitrag zum Erkenntnisfortschritt
- Nachvollziehbarkeit und Überzeugungskraft
- Sprachliche Lesbarkeit und Lebendigkeit

Alle drei prämierten Beiträge haben sich in mehreren Kriterien von den anderen Beiträgen abgesetzt und verdienen daher besondere Aufmerksamkeit. Neben dem Beitrag der Autoren Pelzl, Helferich und Herzwurm wurden ausgezeichnet:

- Disterer, G.; Kleiner, C.: BYOD – Bring Your Own Device. HMD – Praxis der Wirtschaftsinformatik Jhg. 50 (2013), 290, S. 92–100
- Wiedenhofer, A.: Flexibilitätspotenziale heben – IT-Wertbeitrag steigern, HMD – Praxis der Wirtschaftsinformatik, Heft 289, Jhg. 50 (2013), S. 107–116.

Die HMD ist vor 50 Jahren erstmals erschienen: Im Oktober 1964 wurde das Grundwerk der ursprünglichen Loseblattsammlung unter dem Namen „Handbuch der maschinellen Datenverarbeitung" ausgeliefert. Seit 1998 lautet der Titel der Zeitschrift unter Beibehaltung des bekannten HMD-Logos „Praxis der Wirtschaftsinformatik", seit Januar 2014 erscheint sie bei Springer Vieweg. Verlag und HMD-Herausgeber haben sich zum Ziel gesetzt, die Qualität von HMD-Heften und -Beiträgen stetig weiter zu verbessern. Jeder Beitrag wird dazu nach Einreichung doppelt begutachtet: Vom zuständigen HMD- oder Gastherausgeber (Herausgebergutachten) und von mindestens einem weiteren Experten, der anonym begutachtet (Blindgutachten). Nach Überarbeitung durch die Beitragsautoren prüft der betreuende Herausgeber die Einhaltung der Gutachtervorgaben und entscheidet auf dieser Basis über Annahme oder Ablehnung. Jedes Heft wird zudem nach Erscheinen von einem HMD-Herausgeber hinsichtlich Ausgewogenheit, Vollständigkeit und Qualität der einzelnen Heftbausteine begutachtet. Daraus gewonnene Erkenntnisse tragen zur Weiterentwicklung der Zeitschrift und zur Verbesserung des Betreuungsprozesses durch die Herausgeber bei.

Dresden   Susanne Strahinger

Inhaltsverzeichnis

Geschäftsmodelle im Cloud Computing 1

Zahlreiche Veröffentlichungen der letzten Jahre prophezeien, dass Cloud Computing die Nutzung von Informationstechnologie in Unternehmen und öffentlicher Verwaltung revolutionieren wird (vgl. exemplarisch Repschläger et al. 2010). Abgesehen von dem hier enthaltenen Hype-Faktor gibt es aber auch deutlich begründete Anzeichen dafür, dass Cloud Computing sich durchsetzen und signifikante Marktanteile gewinnen wird. Aufgrund der vielversprechenden Charakteristika des Cloud Computing erscheint dies nicht allzu überraschend. Cloud Computing lässt sich anhand dreier Unterscheidungsmerkmale abgrenzen: Ebenen, Organisationsformen und den charakteristischen Eigenschaften (Repschläger et al. 2010; Matros 2012; Spath et al. 2012).

Innerhalb der Ebenen lassen sich drei Gestaltungsmöglichkeiten differenzieren: Software as a Service SaaS (SaaS), Platform as a Service (PaaS) und Infrastructure as a Service (IaaS). Bei IaaS werden den Kunden die Hardware (z. B. Speicher, Datentransfer und CPU-Leistung) meist nutzungsabhängig als Miete zur Verfügung gestellt. Sollten die Kunden weitere Services nutzen wollen, dann müssen diese in der Regel selber erbracht werden, wie beispielsweise Datenbanken und Betriebssysteme zu installieren oder auch die eigene Softwareumgebung zu warten. PaaS baut auf IaaS auf, indem auf der unteren Ebene immer Hardware (IaaS) aktiv ist und darüber hinaus eine Entwicklungsumgebung angeboten wird. Kunden können auf dieser Platform Software installieren und ihrerseits auch weiter anbieten. SaaS ist meist eine webbasierte Anwendung die auf den vorherigen beiden Ebenen aufbaut. Der Kunde erhält eine vollfunktionsfähige Software, bei der der Anbieter viele Serviceleistungen übernimmt, z. B. Administration, Wartungsarbeiten und Updates. Im Gegensatz zu IaaS und PaaS werden SaaS Leistungen nutzungsunabhängig abgerechnet.

© Springer Fachmedien Wiesbaden 2014

N. Pelzl et al., *Wertschöpfungsnetzwerke deutscher Cloud-Anbieter,* essentials,

DOI 10.1007/978-3-658-07011-3_1

Bei den Organisationsformen können die Urformen private und public Cloud sowie hybride Cloud abgegrenzt werden (Spath et al. 2012). Eine public Cloud richtet sich an diejenigen Kunden, die alle Vorteile von Cloud Computing nutzen möchten, wie der niedrige Preis durch Virtualisierung und Skalierung. Eine private Cloud verwenden Kunden, welche sensible Daten schützen möchten, indem der Server entweder beim Kunden selbst oder bei einem vertraulichen Drittanbieter steht. Aktuell setzt sich die hybride Cloud in der Praxis immer mehr durch (Spath et al. 2012). Hierbei werden die Vorteile der public cloud und die Vorteile der private Cloud vereint. So können die vertraulichen Daten auf dem Server des Kunden liegen und die Infrastruktur, Platform oder Softwareanwendung bei einem public Anbieter gehostet werden. Wenn ein eingegrenzter Nutzerkreis ein und dieselbe Cloud nutzen möchte ohne für weitere Unternehmen öffentlich zu sein, dann wird das als community Cloud bezeichnet. Weitere Zwischenformen der Organisationsformen können in Abhängigkeit der Sourcing Dimension (insourced, managed, outsourced) und wer der Eigentümer der Hardware (externer Dienstleister, Kunde oder beide) ist abgegrenzt werden (BITKOM 2011).

Die Eigenschaften von Cloud Computing beschreiben die Möglichkeiten, wie Cloud Computing auf die Kunden angepasst werden kann. Es können zwei Arten von Eigenschaften unterschieden werden: essentielle Eigenschaften und weiterführende Eigenschaften. Essentielle Eigenschaften, um Cloud Computing näher zu beschreiben, wurden aus NIST (National Institute of Standards and Technology) entnommen: On-demand self-service, Broad network access, Resource pooling/Virtualization, Rapid elasticity and Measured service (NIST 2011). Unter *On-demand Self Service* wird verstanden, dass die verwendeten Ressourcen ohne Interaktionen mit dem Service-Provider provisioniert werden. Beim *Broad network access* kann auf die Cloud-Dienste ohne einen bestimmten Client zugegriffen werden. Unter *Resource pooling/Virtualization* wird das Multi-Tenant-Modell assoziiert. Hierbei arbeiten alle Kunden auf der gleichen Plattform, denn durch Virtualisierung kann die Hardware und Software für verschieden Anwendungen aufgeteilt und somit die Leistung erhöht werden. Bei der *Rapid elasticity* werden Services elastisch und bedarfsgerecht (Skalierbarkeit) für die Kunden zur Verfügung gestellt werden. Der *Measured service* beinhaltet das Messen und das Abrechnen der Ressourcennutzung. Diese Eigenschaften finden aktuell in der Literatur einen hohen Zuspruch (BITKOM 2011).

Wir sind aber der Meinung, dass die Eigenschaften von NIST nicht ausreichend sind und erweitert werden müssen. Diese weiterführenden charakteristischen Eigenschaften sind Sicherheit, Standardisierung, Verfügbarkeit und Service Level Agreements (SLAs). Ziel der *Sicherheit* ist es, Unternehmensdaten, die über das Internet gesendet werden, zu sichern. Im Cloud Computing sind verschiedene

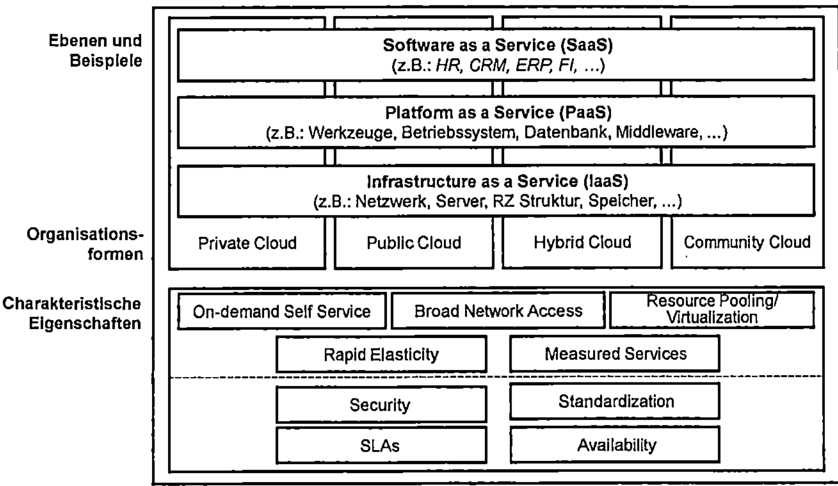

Abb. 1.1 Beschreibung von Cloud Computing (Herzwurm et al. 2011)

Normungs- und Standardisierungsverfahren für den regulären Betrieb relevant. Eine hohe *Verfügbarkeit* ist für den Cloud Computing Betrieb unabdingbar und muss zu einem hohen Prozentsatz erreicht werden. Diese bisherigen Eigenschaften werden in einem Vertrag, in sogenannten *Service Level Agreements*, festgehalten. Die Abb. 1.1 fast die beschriebenen Unterscheidungsmerkmale grafisch zusammen.

Cloud Computing wird dementsprechend von uns definiert als: Auf Basis servicebasierter Paradigmen können IT-Ressourcen und -Dienste (IaaS, PaaS, SaaS) flexibel und einfach skalierbar von Dritten bezogen und mittels der Organisationsformen (public, private, hybrid und community Cloud) angeboten werden. Ebenso ist eine verbrauchsabhängige und verbrauchsunabhängige Abrechnung und Bezahlung möglich. Bei entsprechender Ausgestaltung ist ein hohes Datensicherheitsniveau erreichbar. Zudem können das vereinbarte Abrechnungsmodell und die vereinbarten Leistungen (Performance, Latenzzeiten, Verfügbarkeit etc.) mittels Service Level Agreements (SLAs) vereinbart und überprüft werden.

Neben den IT-Anwendern sind auch die Anbieter gefordert, sich auf weitreichende Veränderungen einzustellen. Auch wenn die Wachstumszahlen hinter den Prognosen hinterherhinken, ist davon auszugehen, dass im Bereich Cloud Computing ein starkes Marktwachstum zu beobachten sein wird, das zumindest teilweise auf Kosten anderer Marktsegmente (insbesondere Verkauf von Lizenzen für Standardsoftware und Outsourcing von Rechenzentrumsleistungen) gehen wird. Dadurch werden etablierte IT-Anbieter gezwungen, ihre Geschäftsmodelle grundlegend zu überdenken (Ried et al. 2010). Traditionelle Geschäftsmodelle werden durch neue Geschäftsmodelle abgelöst oder transformiert und dabei ändert sich die Verteilung der Wertschöpfungsaktivitäten (Achatz 2011). Während erste konzeptionelle wie empirische Arbeiten hierzu vorliegen (Pelzl et al. 2012), sind wir von einem umfassenden Verständnis, welche Veränderungen auf die IT-Anbieter zukommen und wie sie hierauf reagieren, noch weit entfernt. Hier möchten wir ansetzen und mit unserem vorliegenden Beitrag zur Schließung dieser Lücken beitragen.

In der Entstehungsphase erster Geschäftsmodellkonzepte wurden die Modelle von Ansoff, Hamel und Porter mit den drei Komponenten Value Proposition, Erlösmodell und Wertschöpfungsketten/-netzwerke bekannt. Auch wenn inzwischen eine Vielzahl an Definitionen des Begriffs Geschäftsmodell existiert, so liegen diese drei Komponenten den meisten Definitionen zugrunde (Stähler 2002; Schallmo 2013). Auch die Positionierung von IT-Produkten und damit einhergehenden Geschäftsmodelltypen wurde bereits betrachtet (Herzwurm und Pietsch 2009). Dieser Beitrag stellt die Frage, welche Ausprägung die Wertschöpfungsketten bei deutschen Cloud-Anbietern im Jahr 2012 und 2013 besitzen bzw. wie diese ausgestaltet werden. Insbesondere für Standardsoftwareanbieter und Rechenzentrumsbetreiber erzwingt Cloud Computing eine Abkehr von herkömmlichen Geschäftsmodellen und in vielen Fällen das Aufbrechen der Wertschöpfungsketten (Wirtz 2011). Neben Kostenvorteilen bietet die mit der Neuorchestrierung innerhalb der Wertschöpfungsarchitektur verbundene Ausgestaltung von Unternehmenskooperationen zudem Ansatzpunkte für die Schaffung von Wert- und Wettbewerbsvorteilen (Wirtz 2011).

Cloud-Wertschöpfungsnetzwerk 2

Die Begrifflichkeit der Wertschöpfungskette wurde von Porter geprägt und ist das verbreitetste Modell, welches den Geschäftserfolg als logische Folge wertsteigernder Aktivitäten erklärt (Porter 1985). Die Wertschöpfungskette ist ein Managementkonzept, mit dessen Hilfe die zur Erzeugung des Kundennutzens notwendigen Aktivitäten beschrieben und einzelnen Akteuren zugeordnet werden können. In diesem Modell werden alle Aktivitäten eines Unternehmens betrachtet, die direkt oder indirekt zur Herstellung eines physischen Produktes oder Dienstleistung benötigt werden. Weiterhin wird zwischen primären und unterstützenden Aktivitäten unterschieden. Die unterstützenden Aktivitäten beeinflussen den Geschäftserfolg nicht direkt, sondern schaffen die Grundlagen bzw. die materiellen Voraussetzungen für die Durchführung der primären Aktivitäten. Im Cloud Computing werden die Leistungen nicht nur in digitaler Form (elektronische Wertschöpfungskette (Kollmann 2013)) erbracht, sondern es finden neben diesen auch Kooperation statt, wodurch zahlreiche Geschäftsfelder für Partner und spezialisierten Dienstleister geschaffen werden. Aufgrund der hohen Vernetzung wird im Cloud Computing nicht von linearen Wertschöpfungsketten, sondern von Wertschöpfungsnetzwerken bzw. vom Cloud-Ökosystem gesprochen (Spath et al. 2012).

Bei der Analyse des Wertschöpfungsnetzwerks werden zunächst die einzelnen, in der Literatur beschriebenen Akteure des Wertschöpfungsnetzwerks identifiziert und dann deren Zusammenarbeit bezüglich der Leistungserstellung modelliert. Neben OEMs (Original Equipment Manufacturer) können auch Value-Added-Reseller-(VAR-)Marktplätze und Plattformen sowie Systemintegration und Support klar abgegrenzt und zugeordnet werden (vgl. Tab. 2.1). Als Grundlage eines Cloud-Wertschöpfungsnetzwerks (Zulieferer) werden in der Literatur neben dem Independent Software Vendor (ISV) zumeist Cloud Service Provider (CSP), aber

© Springer Fachmedien Wiesbaden 2014
N. Pelzl et al., *Wertschöpfungsnetzwerke deutscher Cloud-Anbieter*, essentials,
DOI 10.1007/978-3-658-07011-3_2

Tab. 2.1 Akteure des Cloud-Wertschöpfungsnetzwerks

Akteure	Beschreibung
Zulieferer	*Independent Software Vendors* entwickeln, testen und pflegen die in der Cloud auf SaaS-Ebene (Software as a Service) angebotene Software
	Cloud Infrastructure Provider stellen die notwendige physische Cloud-Infrastruktur zur Verfügung und sind für den Betrieb der Hardwareplattform verantwortlich. Das Cloud-Backbone wird dabei entweder in eigenen hochverfügbaren Rechenzentren oder durch das Anmieten von Serverstellplätzen (Housing/Colocation) in externen Lokationen betrieben
OEM	*IaaS Cloud Service Provider* bieten und verwalten die verschiedenen virtuellen IT-Infrastruktur-Dienste auf IaaS-Ebene (Infrastructure as a Service). Außerdem gehören Datensicherung und Datenwiederherstellung zu den Aufgaben
	PaaS Cloud Service Provider betreiben, pflegen und offerieren die als Cloud-Dienst angebotene Laufzeit- und Entwicklungsumgebung auf PaaS-Ebene (Platform as a Service)
	SaaS Cloud Service Provider betreiben, warten und bieten die in der Cloud angebotenen SaaS-Dienste gegenüber dem Kunden an (Repschläger et al. 2010; Velten und Janata 2011)
VAR	Ein *Aggregator* fasst modulare Cloud-Dienste zu einem mehrwertbietenden Cloud-Dienst zusammen, den er wiederum seinen Kunden anbietet. Dies geschieht entweder durch reine Kombination existierender Dienste oder durch Anreicherung existierender Dienste durch eigene Daten und Leistungen
Vertriebs-kanal	Der *Marktplatz* fungiert als Vertriebsplattform, auf der Cloud-Dienste angeboten werden, und führt somit Angebot und Nachfrage zusammen. Neben der Katalogisierung und Darstellung der Cloud-Dienste können auch weitere Dienstleistungen wie Definition von Service Level Agreements oder Leistungsabrechnung übernommen werden
	Bei *Softwareplattformen* werden die Leistungen Dritter, sogenannter Komplementoren, in einem Softwareökosystem angeboten. So können Komplementoren kundenindividuelle Produkte und Dienstleistungen (z. B. Branchenlösungen oder Beratungsleistungen) anbieten. Softwareplattformen werden überwiegend von Unternehmen initiiert, wobei Marktplätze „offen" und von „jedem" realisiert werden können
Kunden-service	Vom *Consultant* wird die Einführung und Integration von Cloud-Diensten beim Kunden beratend begleitet. Neben empirischem Wissen über den Einführungsvorgang und der Absicherung kann er in der Beratung das interessierte Unternehmen bei der Auswahl des Kosten-Nutzen-effizientesten Service unterstützen
	Der *Integrator* kümmert sich um die Integration der Cloud-Dienste im Unternehmen. Er migriert und exportiert zum einen On-Premise-Daten in die Cloud, zum anderen integriert er die Cloud-Lösung in die IT-Landschaft des Unternehmens. Der Integrator kann ebenfalls mehrere Cloud Computing-Services zu einer Anwendung aggregieren
	Im *Helpdesk* kümmert sich der Akteur um den professionellen Kundensupport und fungiert dabei als primärer Ansprechpartner für den Kunden

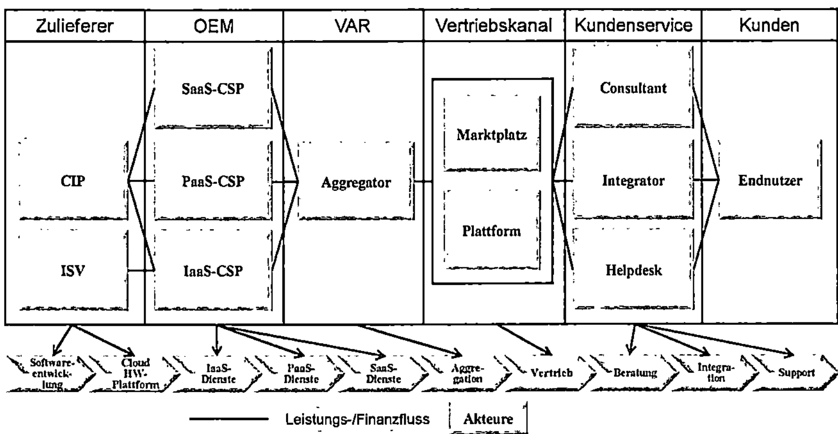

Abb. 2.1 Cloud-Wertschöpfungsnetzwerk

auch Cloud Infrastructure Provider (CIP) unterschieden (Velten und Janata 2011). In der bestehenden Literatur werden CIP und ISV entweder einzeln oder zusammen verwendet – unserer Meinung nach, ist es durchaus sinnvoll beide in den weiteren Ausführungen zu betrachten. Der CIP bedient im Gegensatz zum ISV alle CSPs und ist ebenfalls ein unmittelbarer Zulieferer.

Die in der Literatur identifizierten Akteure werden in einem Cloud-Wertschöpfungsnetzwerk (vgl. Abb. 2.1) abgebildet. Für die in Abschn. 3.1 beschriebene Clusteranalyse wurde das Wertschöpfungsnetzwerk in eine lineare Wertschöpfungskette überführt. Da im Wertschöpfungsnetzwerk keine Zirkelbezüge bestehen, entstand hierdurch keine Verzerrung des Ergebnisses. Die lineare Wertschöpfungskette ist am unteren Rand der Abb. 2.1 dargestellt.

Bei der Modellierung des Cloud-Wertschöpfungsnetzwerks wurde eine graphenbasierte Methode verwendet. Die dargestellten Personen und Organisationen sind als Akteure in Form von Vierecken (Knoten) dargestellt und Interaktionsbeziehungen zwischen diesen Rollen als ungerichtete Kanten. Die Akteure stellen abstrakte Rollen dar, die in der Realität durch mehrere Partner, das Unternehmen selbst oder auch von niemandem wahrgenommen werden können.

3.1 Untersuchungsmethodik und Clusteranalyse

Ziel der Untersuchung war es, für alle deutschen Cloud-Anbieter zu analysieren, ob sich auf Basis der Konfiguration ihres Wertschöpfungsnetzwerks Cluster von Anbietern mit gleichartigen Konfigurationen ermitteln lassen.

Da es kein definitives Verzeichnis aller deutschen Cloud-Anbieter gibt, wurden verschiedene Literaturquellen und Onlineverzeichnisse berücksichtigt, um in Summe möglichst alle deutschen Cloud-Anbieter und deren Cloud-Dienste zu erfassen. In Deutschland tätige Töchter ausländischer Unternehmen wurden bewusst nicht untersucht, um ein Bild der deutschen Softwareunternehmen zu erhalten und dies in späteren Schritten mit den Töchtern ausländischer Unternehmen vergleichen zu können. Zur Ermittlung der deutschen Cloud-Anbieter wurden die folgenden Quellen genutzt: „SaaSForum" (*www.saas-forum.net*), Übersicht der 30 größten Cloud-Anbieter Deutschlands in der Studie „Cloud Computing Vendor Benchmark 2012" der Experton Group, Service-Übersichten in Baun (Baun et al. 2010), Anbieter- und Serviceübersichten in Tietz (Tietz et al. 2011), Nennung als Partner auf der Cloud-Website des BITKOM e. V., Lösungskatalog der Initiative „Cloud Services Made in Germany" (*www.cloud-services-made-in-germany.de*). Anschließend wurden die benötigten Daten pro Anbieter/Service durch eine Sekundärforschung (Unternehmenswebseiten und Printmaterialien) gewonnen. Bei nicht ausreichenden öffentlich zugänglichen Informationen wurde versucht, die fehlenden Informationen per telefonischer Anfrage oder in einem Online-Chat zu ermitteln.

Auf Ebene der Anbieterauswahl konnten unter Anwendung der beschriebenen Auswahlmethodik im ersten Schritt insgesamt 297 Unternehmen auf dem Feld des Cloud Computing identifiziert werden. Von diesen fiel ein Großteil der Unterneh-

© Springer Fachmedien Wiesbaden 2014

N. Pelzl et al., *Wertschöpfungsnetzwerke deutscher Cloud-Anbieter,* essentials,
DOI 10.1007/978-3-658-07011-3_3

men aufgrund des ausländischen Firmensitzes der leistungsverantwortlichen Organisationseinheit aus der Betrachtung heraus. Bezüglich der Gesamtstruktur der Herkunftsländer ist festzustellen, dass der Großteil der Cloud-Computing-Anbieter aus den USA stammt, obwohl vorwiegend deutschsprachige Quellen zur Identifikation der Anbieter genutzt wurden. Dies führt zu einer letztendlichen Untersuchungsmenge von 80 Unternehmen mit 141 Cloud-Diensten. Bei der Analyse der Wertschöpfungsnetzwerke konnten die meisten Informationen nur über den persönlichen Telefonkontakt ermittelt werden, wobei manche Anbieter nicht bereit waren, die benötigten Informationen in Gänze zur Verfügung zu stellen. Daher konnten nur von 82 Cloud-Diensten die Wertschöpfungsnetzwerke ermittelt werden.

Im Rahmen eines formal beschriebenen Verfahrens soll die Menge aller untersuchten Wertschöpfungsketten daraufhin analysiert werden, ob sich Cluster gleichartiger Wertschöpfungsketten identifizieren lassen. Dabei sollen die in einem Cluster zusammengefassten Wertschöpfungsketten möglichst ähnlich und zu den anderen Clustern möglichst unterschiedlich sein (Pelzl et al. 2012). Als multivariates statistisches Verfahren werden in der Clusteranalyse Objekte anhand ihrer Ähnlichkeit systematisch zu vorher unbekannten Klassen, hier „Cluster" genannt, zusammengefasst. Innerhalb der Clusteranalyse finden sich zahlreiche auf verschiedene Anwendungsfelder spezialisierte Verfahren. Die Verfahren gehen in der Regel so vor, dass die Ähnlichkeit ermittelt, ein Fusionierungsalgorithmus ausgewählt und anschließend die „beste" Clusteranzahl bestimmt wird. Um den Rechenaufwand zu begrenzen, wird in der Praxis auf verschiedene Heuristiken zurückgegriffen. Da die Wertschöpfungskette (vgl. Abschn. 2) aus einem festen Satz von 10 einzelnen Aktivitäten besteht, eignen sich Verfahren der heuristischen Clusteranalyse.

Bei der heuristischen Clusteranalyse ist zu beachten, dass sie aufgrund der Heuristik, die schnellere Laufzeit durch einen Qualitätsverlust „erkauft" und so die optimale Lösung eventuell übersehen werden kann (Bortz 2005). Deshalb wurde ein streng partitionierender, Prototypen-basierter Clustering-Ansatz gewählt, um alle Objekte überschneidungsfrei und vollständig genau einem Cluster zuzuweisen.

Das Abstand- bzw. Distanzmaß ist bei der Clusterbildung entscheidend und hängt vom Skalenniveau der zu untersuchenden Objekt-Merkmale ab (Bortz 2005). Bei der Wertschöpfungsuntersuchung sind die Merkmale nicht durch metrische, sondern durch mehrfach nominalskalierte Ausprägungen gekennzeichnet. D. h. es gibt mehr als zwei Ausprägungen und die Ausprägungen unterschieden sich, weisen aber keine natürliche Rangfolge auf. Entsprechend kann auch kein metrischer Abstand zwischen den Merkmalswerten gemessen werden, sondern nur bestimmt werden, ob eine Merkmalsausprägung gleich oder ungleich einer anderen ist. Da die Clusteranalyse zwingend ein Abstandsmaß zur Ähnlichkeitsbestimmung der Objekte benötigt, wurde mit Hilfe des Prinzips der Hamming-Distanz die „Unterschiedlichkeit" der Objekte in eine metrische Skala überführt. Bei der Hamming-Distanz ist die positionsabhängige Anzahl der unterschiedlichen Merkmale, also Wertschöpfungsstufen, entscheidend (daher die Transformation des Wertschöpfungsnetzwerks in eine Wertschöpfungskette in Abb. 2.1). In der betrachteten Wertschöpfungsketten-Analyse kann jedoch jedes Objektmerkmal nochmals aus allen möglichen Kombinationen der Ausprägungen Eigenerstellung, Outsourcing und Partner bestehen (Pelzl et al. 2012). Im Weiteren werden die Ausprägungen durch ihre Anfangsbuchstaben referenziert und nicht existent als die Leere Menge betrachtet. Zum Zwecke der Formalisierung entsteht somit die Grundmenge aller Wertschöpfungsausprägungen: $G = \{\emptyset, E, P, O\}$. Die so errechnete Distanz bezeichnet also primär die Anzahl aller Merkmalsausprägungen, die zwischen Objekt x und Objekt y verschieden sind. Mittels des so ausgestalteten Distanzmaßes wurde ein Algorithmus zur Segmentierung der untersuchten Cloud-Service-Wertschöpfungsketten entworfen. Der entstandene Algorithmus orientiert sich dabei am bekannten k-Means Clusterverfahren nach MacQueen (MacQueen 1967). Beim k-means-Clusterverfahren wird die Anzahl der Cluster vor dem Start des Algorithmus festgelegt.

3.2 Ergebnisse

Im Rahmen der Clusteranalyse wurde für alle 82 Dienste der Algorithmus mit einer Clusteranzahl von 1 bis 10 ausgeführt. Dabei wurde bei der Verwendung von 10 Clustern eine Erschöpfung der alleinstehenden IaaS-, PaaS- und SaaS-Dienste festgestellt und dies daher als Ergebnis verwendet. Anschließend wurde versucht, dieses Ergebnis durch eine getrennte Ermittlung von Clustern für IaaS-, PaaS- und SaaS-Dienste, zu validieren. Die Ergebnisse dieser Untersuchung bestätigten die erste Clusteranalyse zum größten Teil mit denselben Ergebnissen. Dabei wurde die Analyse durchgeführt, bis alle Dienste der jeweiligen Kategorie (IaaS, PaaS, SaaS) alleine angezeigt wurden. Nur bei den PaaS-Diensten wurde eine andere und passendere Wertschöpfungsausprägung ermittelt und für die weitere Analyse verwendet. Tab. 3.1 zeigt die Ergebnisse bei Verwendung von 10 Clustern. Darin werden die Clusternummern und die dazugehörige Anzahl der Dienste je Cluster sowie die Ausprägungen der Wertschöpfungsketten je Cluster dargestellt. Zudem wurden die 10 Cluster sortiert und nach den Cloud-Computing-Ebenen gruppiert.

Cluster 6 stellt einen durchschnittlichen Anbieter von IaaS-Diensten dar. Dieser betreibt seine eigene Infrastruktur, entwickelt die zugehörige Software und vertreibt die Dienste selbst. Die anderen Aktivitäten können auch an Partner weitergegeben werden. Im Gegensatz dazu findet in den Clustern 1 und 8 keine eige-

Tab. 3.1 Errechnete Wertschöpfungsausprägungen (nach dem Clusterverfahren)

Cluster sortiert	IaaS			laSS & PaaS	SaaS				laaS & SaaS	
Clusternummer	1	6	8	10	4	5	7	9	2	3
Anzahl Dienste	9	9	9	3	7	16	5	6	12	6
Softwareentwicklung		E/P			E/P	E	P	E/P	E	E
Cloud-HW Plattform	E	E	E	E/P	E/O	E	E	E	E	E/O
laaS-Dienste	E	E	E	E					E	E
PaSS-Dienste				E						
SaaS-Dienste					E	E	E	E	E	E
Aggregation										
Vertrieb	E	E	E	E	E	E	E/P	E	E	E/P
Beratung		E/P	E/P	P		E/P	E	E/P	E	P
Integration		E/P	P	P	E	E	E	E/P	E	P
Support	E	E/O	E	E	E	E	E	E/O	E	E

E Eigenerstellung, *P* Partnerleistung, *O* Outsourcing

ne Softwareentwicklung statt, da die Infrastruktur eines anderen Anbieters (z. B. Amazon S3) genutzt wird. An dieser Stelle ist der Infrastrukturdienst essenziell, um darauf Dienste aufzubauen. Wertschöpfung entsteht in Wertschöpfungsnetzwerken zumeist durch die kooperative Bereitstellung und Veredelung von Leistungen. In diesem Fall werden elementare Dienste bereitgestellt (Infrastruktur), die von jeder weiteren Rolle auf dem Weg zum Kunden veredelt werden. Die Nutzung von fremden Diensten erfolgt gegen eine Gebühr.

Cluster 10 weist eine geringe Anzahl an Unternehmen (3) auf, dies könnte darin begründet sein, dass Unternehmen eine gewisse Größe und Finanzkraft besitzen müssen, um PaaS-Dienste bereitzustellen. So müssen als Voraussetzungen Infrastrukturen, Datenbanken usw. sowie spezielle Dienstleistungen bereitgestellt werden. Ohne diese wird ein PaaS-Anbieter wahrscheinlich nicht in der Lage sein, eine ausreichende Anzahl an Kunden anzuziehen, die auf seiner Plattform entwickeln oder ihre Dienstleistungen bereitstellen wollen und damit als Komplementoren fungieren.

Die Unternehmen in Cluster 5 folgen einem Muster, wie es z. B. von SAP sehr erfolgreich genutzt wurde, um nachhaltig zu wachsen: Alle Wertschöpfungsaktivitäten werden selbst durchgeführt, nur die Beratung wird zum Teil mit Partnern abgewickelt. Einige dieser Firmen sind mit dem klassischen Lizenzgeschäft gewachsen und bieten jetzt auch SaaS-Dienste an. Aber auch Start-up-Unternehmen sind vermehrt in diesem Umfeld zu finden. Anbieter von SaaS-Dienstleistungen bieten bei dieser Untersuchung durchweg keine weiteren Dienste in den Ebenen PaaS und IaaS an. Diese Unternehmen wollen sich entweder auf das Kerngeschäft konzentrieren oder aber sind aufgrund ihrer Struktur nicht in der Lage, andere Dienste anzubieten. Die vergleichsweise hohe Anzahl von 34 Anbietern im SaaS-Cluster deutet darauf hin, dass hier ein für deutsche SaaS-Anbieter sehr attraktives Geschäftsmodell vorliegt.

Bei den Clustern 2 und 3 werden ausnahmslos alle Aktivitäten entweder von dem jeweiligen Unternehmen selbst übernommen oder zum großen Teil durch Partnerleistungen abgedeckt. Zu Aggregationsleistungen konnten keine Informationen gewonnen werden.

3.3   Dekonstruktion und Ableitung von Wertschöpfungsarchitekturstrategien

Nach (Heuskel 1999) sollen Wertschöpfungsarchitekturen anpassbar bzw. „dekonstruierbar" sein. So können kleine Veränderungen innerhalb eines Wertschöpfungsnetzwerks ein ganz neues Geschäftsfeld bzw. Geschäftsmodell ermöglichen. Die Wertschöpfungsarchitekturen können idealtypisch in vier Typen klassifiziert werden: Layer-Player (Schichtenspezialist), Orchestrator, Integrator und Market-Maker (Pionier). Nach (Matros 2012) können SaaS- und IaaS-Dienste dem *Layer-Player* zugeordnet und PaaS-Dienste zu den *Orchestratoren* gezählt werden. Layer-Player stellen meist nur eine oder wenige Aktivitäten der Wertschöpfungskette in den Mittelpunkt des Geschäftsbetriebs (Spezialisierung), um diese Aktivitäten herauszulösen und horizontal in andere Märkte und Industrien zu expandieren. Durch diese Spezialisierung lassen sich für Cloud-Anbieter Skaleneffekte und ein gegenüber der Konkurrenz überlegenes Know-how aufbauen (Wirtz 2011). Beispielsweise kann im Cloud Computing die eigene Softwareentwicklung auch für andere Unternehmen angeboten werden (Partnermodell). Auch beim *Orchestrator*-Modell liegt die Konzentration auf einzelnen Elementen der Wertkettenarchitekturen. Zudem legen die Orchestratoren einen Schwerpunkt auf die Koordination der Wertschöpfungsaktivitäten und die Vernetzung der Teilnehmer. Unternehmen müssen sich entscheiden, welche Aktivitäten im Unternehmen verbleiben sollten oder welche von strategischen Partnern erfüllt werden könnten. Beispielsweise könnten im Cloud Computing Beratung und Support durch Partner durchgeführt werden. In Cluster 2 (IaaS & SaaS) kann der Typ des *Integrators* zugeordnet werden. Integratoren halten möglichst alle Wertschöpfungsaktivitäten unter eigener Kontrolle. Das gelingt nur, indem sie keine Aktivitäten auslagern, sondern alle im Unternehmen selbst wahrnehmen. Der *Market-Maker* schafft durch Innovationen neue Märkte, indem er weitere Wertschöpfungsaktivitäten einführt. Market-Maker können somit für alle Cloud-Computing-Ebenen in Betracht kommen.

Jedes Unternehmen orientiert sich an einer für sich optimalen Wettbewerbsstrategie. Nach (Porter 1985) kommen für eine gesamte Marktabdeckung nur drei grundlegende Wettbewerbsstrategien infrage: Kostenführerschaft, Differenzierung und Nischenstrategie. Eine andere Strategie würde zu einer geringeren Rentabilität mit nur mittelgroßem Marktanteil führen („stuck in the middle"). Übertragen auf die Wertschöpfungsarchitekturen im Cloud Computing bedeutet das, dass sich Unternehmen einer der vier oben genannten Wertschöpfungsarchitekturen annähern sollten (Heuskel 1999). Eine Annäherung und die damit verbundene Neukonfiguration kann ein Unternehmen damit erreichen, dass es flexibel auf neu entstehende Wachstumsfelder reagiert und sein Wertschöpfungsnetzwerk verändert bzw. konfiguriert, um Wettbewerbsvorteile zu erzielen. Hierbei können sechs generische Optionen zur Neukonfiguration des Wertschöpfungsnetzwerks unterschieden werden: Koordinieren, Fokussieren, Integrieren, Expandieren, neu Konstruieren und Komprimieren (Müller-Stewens und Fontin 2002). Durch die Option des „Koordinierens" kann beispielsweise beim Outsourcing von Diensten an Partnerunternehmen eine höhere Flexibilität auf veränderte Umweltbedingungen erreicht werden. Das Unternehmen kann sich durch Outsourcing besser auf die Steuerung der

Tab. 3.2 Optionen zur Neukonfiguration

Cloud Computing-Ebenen	Wertschöpfungs-architekturen (Zielkonfiguration)	Optionen zur Neu-konfiguration der Wertschöpfungs-architekturen	Optionen zur Neu-konfiguration des Wertschöpfungsnetz-werks
SaaS, IaaS	Layer-Player (Schichtenspezialist)	Fokussieren, Integrieren	Koordinieren, Fokussieren, Integrieren, Expandieren, neu Konstruieren, Komprimieren
PaaS	Orchestrator	Koordinieren	
IaaS & SaaS	Integrator	Integrieren	
SaaS, PaaS, IaaS	Market-Maker (Pionier)	Expandieren, neu Konstruieren	

eigenen wenigen Aktivitäten konzentrieren, während unternehmensfremde Aktivitäten orchestriert werden können. Die Möglichkeit des „Fokussierens" beschreibt die Konzentration auf bestimmte Wertschöpfungsaktivitäten vor dem Hintergrund der Reduzierung der Wertschöpfungstiefe. Diese Option ist dann besonders sinnvoll, wenn das Unternehmen eine interessante Marktentwicklung erkennt und sich selbst im Verhältnis zur Konkurrenz gut positioniert sieht. Beispielsweise könnten Aktivitäten wie Beratung oder Integration an Partner ausgelagert werden, um sich intensiver auf die eigenen Fähigkeiten zu konzentrieren. Beim „Integrieren" können Aktivitäten entweder vertikal oder horizontal hinzugefügt werden. Im Cloud Computing findet zumeist eine vertikale Integration von Aktivitäten innerhalb einer Branche statt. Beispielsweise kann es für Unternehmen nützlich sein, Beratung immer selbst anzubieten, um den Kunden gleichzeitig über neue Produkte und Dienste zu informieren. Das Unternehmen würde dann die Beratung wieder in sein Wertschöpfungsnetzwerk integrieren. Beim „Expandieren" werden zusätzliche Aktivitäten in das Wertschöpfungsnetzwerk eingefügt, wie z. B. Integration. Das Ziel des „Expandierens" kann eine Differenzierung des Leistungsspektrums sein. Somit kann beispielsweise auf veränderte Kundenbedürfnisse eingegangen und ein Kundenzugang angestrebt werden. Ein vorhandenes Wortschöpfungsnetzwerk wird beim „neu Konstruieren" aufgebrochen und neu angeordnet. Hierbei wird ein erweiterter und direkterer Kundenzugang angestrebt. Mit dem „Komprimieren" sollen Zwischenhändler (Intermediäre) umgangen (sog. Disintermediation) und damit mehrere Wertschöpfungsaktivitäten zusammengeführt werden, um die eigene Wertschöpfung zu erhöhen.

Zusammenfassend können zwei übergeordnete Möglichkeiten zur Neukonfiguration konstatiert werden (vgl. Tab. 3.2). Innerhalb des bestehenden Wertschöpfungsnetzwerks können die einzelnen Wertschöpfungsaktivitäten verkleinert, vergrößert, aufgegeben oder komplett neu formiert werden, ohne die Wertschöpfungsarchitektur wechseln zu müssen (Müller-Stewens und Fontin 2002). Zum Beispiel kann der SaaS-Layer-Player im Cluster 7 durch die Option „Fokussieren" die Beratung oder Integration an einen Partner auslagern und damit zum Cluster 9 zugeordnet werden. Darüber hinaus kann aber auch die Wertschöpfungsarchitektur durch eine Neukonfiguration gewechselt werden. Beispielsweise kann durch die Option „Koordinieren" die Wertschöpfungs-architektur vom IaaS (bisher Layer-Player oder Market-Maker, z. B. Cluster 8) zum IaaS & PaaS-Anbieter (zusätzliche Wertschöpfungsarchitektur: Orchestrator, Cluster 10) geändert werden.

Ausgewählte Fallbeispiele 4

Im Folgenden werden exemplarisch drei deutsche Cloud-Anbieter, ihre Cloud-Dienste und ihre Wertschöpfungsnetzwerke beschrieben und analysiert. Auch werden ihre Motivation, zum Cloud-Computing-Anbieter zu werden, ihr Weg dorthin und ihre Erfahrungen dargestellt. Zudem wird ein Ausblick auf Möglichkeiten für Veränderungen bei Wertschöpfungsaktivitäten und Wertschöpfungsarchitekturen geboten. Die ausgewählten Unternehmen decken verschiedene, für deutsche IT-Unternehmen typische Größenklassen (30–700 Mitarbeiter) ab, gehören teilweise zu einem Großunternehmen und haben sich in zwei Fällen (highQ und PTV) auf Unternehmenssoftware für bestimmte Branchen spezialisiert bzw. bieten in einem Fall (ITENOS) IT-Dienstleistungen an. In Summe werden so die Herausforderungen, vor denen bestehende Softwareunternehmen und IT-Dienstleister stehen, ebenso gut abgedeckt wie mögliche Vorgehensweisen.

Die *highQ Computerlösungen GmbH* aus Freiburg ist ein klassischer Softwareanbieter für den öffentlichen Verkehr, die Finanzwirtschaft und das Qualitätsmonitoring. Seit einigen Jahren wünschen die Kunden insbesondere aus dem öffentlichen Verkehr die Übernahme des Betriebs der Software durch highQ. Der steigende Preisdruck in diesem Bereich machte den Betrieb im highQ-eigenen Rechenzentrum (RZ) zunehmend weniger wettbewerbsfähig. Ein Vergleich zwischen dem eigenen RZ, Hosting und On-Demand (Cloud Computing) führte zu dem Ergebnis, dass das eigene RZ deutlich teurer als eine externe Lösung ist. Gründe wie Initialkosten (Zertifizierung, bauliche Maßnahmen etc.), Skalierbarkeit, Verfügbarkeit und Sicherheit waren ausschlaggebend, dass highQ sich für Cloud Computing entschied und somit neuer SaaS-Anbieter wurde. Die Wahl des Partners fiel auch aus Marketing-Gesichtspunkten auf IBM: Bereits jetzt lässt sich erkennen, dass Diskussionen über Datensicherheit und Datenschutz oder Skalier-

© Springer Fachmedien Wiesbaden 2014

N. Pelzl et al., *Wertschöpfungsnetzwerke deutscher Cloud-Anbieter,* essentials,
DOI 10.1007/978-3-658-07011-3_4

barkeit und Ausfallsicherheit durch den Verweis auf IBM und das Rechenzentrum in Ehningen bei Stuttgart kürzer ausfallen als zuvor. Das elektronische Fahrgeldmanagementsystem TicketOffice Cloud Edition erlaubt es kleinen und mittelständischen Verkehrsunternehmen, E-Ticketing deutlich schneller einzuführen und sich im Rahmen der Einführung auf andere Bereiche als Installation und Betrieb der Software zu konzentrieren. Für sein Produkt PlanB cloud, mit dem Verkehrsunternehmen komplexe Optimierungen durchführen können, bietet highQ seinen Kunden die Möglichkeit, Rechenleistung auf Bedarf kurzfristig zuzubuchen. Alle anderen Dienste des Wertschöpfungsnetzwerks werden von highQ selbst angeboten. Im Hinblick auf Tab. 3.1 kann sich das Unternehmen im Cluster 4 und 5 einordnen. Lediglich beim Support ist es für highQ denkbar, auf seine Kernkompetenzen zu fokussieren und den Support an einen Partner auszulagern. Hinsichtlich der Wertschöpfungsarchitektur kann sich highQ für die nächsten Jahre vorstellen, ihr Wertschöpfungsnetzwerk durch das Anbieten zusätzlicher Dienste, ähnlich wie bei einem PaaS-Anbieter, neu zu konfigurieren und durch die Optionen des Koordinierens als Orchestrator aufzutreten. HighQ konstatiert weiter, dass eine regelmäßige und systematische Analyse des eigenen Wertschöpfungsnetzwerkes unabdingbar ist.

Die *PTV Planung Transport Verkehr AG* aus Karlsruhe bietet Software und Consulting für Verkehr, Transportlogistik und Geomarketing an. PTV bietet neben den klassischen Desktop-Software-Produkten seit gut einem Jahr auch eine SaaS-Version seiner Software PTV Map&Guide an, die auf der Microsoft-PaaS-Plattform Windows Azure aufbaut. Zudem bietet PTV anderen Softwareunternehmen sowie den IT-Abteilungen großer Speditionsunternehmen die Möglichkeit, auf einzelne Dienste zuzugreifen, um eigene SaaS-Lösungen zu entwickeln. Auf PTV Map&Guide als Pilot fiel die Wahl aus zwei Gründen: Zum einen erreicht die technische Plattform der Desktop-Software in absehbarer Zeit das Ende ihres Lebenszyklus, zum anderen ging die Initiative vom zuständigen Produktmanager aus, der für die SaaS-Version die Chance sah, neue Kundengruppen zu erschließen. Der Erfolg gibt ihm recht: Innerhalb weniger Monate hatte PTV Kunden aus 16 europäischen Ländern für die SaaS-Version gewonnen. Die Strategie von PTV, sich zunächst auf einen Teil der Software zu konzentrieren, kann als Weg hin zum Layer-Player im Cloud Computing verstanden werden. Microsoft Azure wurde ausgewählt, da Seriosität, Qualität und ISO-Zertifizierungen des RZ überzeugen konnten, Microsoft sich zur Einhaltung der strengen deutschen Datenschutzvorgaben verpflichtet hat und der Vendor-Lock-in vergleichsweise gering ist. Für die anderen Desktop-Software-Produkte wird überlegt, ebenfalls „in die Cloud" zu gehen. Angedacht ist, einzelne Funktionen bzw. Prozessschritte aus der bestehenden Software herauszulösen und diese als Cloud-Dienste anzubieten oder neue

Funktionen nur als Cloud-Dienste bereitzustellen. Dadurch wird nicht das ganze Produkt in die Cloud portiert, sondern das bestehende Produkt bekommt eine Art Cloud-Erweiterung. Vertrieb und Beratung werden selbst bzw. im europäischen Ausland durch Partner durchgeführt. Innerhalb des Wertschöpfungsnetzwerks (Option des Koordinierens) hat sich PTV entschieden, den Support aufgrund der Internationalität an ein externes Callcenter outzusourcen. Als Einordnung kommen für PTV die Cluster 9 und 10 in Betracht. Als Empfehlung und eigener Erfolgsfaktor würde die PTV heutzutage noch schneller in die Vermarktung der Software auf Internationalisierungsebene gehen, da diese durch Cloud Computing noch schneller möglich ist als vorher.

Die *I.T.E.N.O.S. GmbH* aus Bonn ist eine 100%ige Tochter der T-Systems International GmbH und bietet Lösungen im Bereich Rechenzentrum und Betrieb wie Hosting, Cloud Computing oder Facility- und Energiemanagement aus dem eigenen RZ an. ITENOS ist ein IaaS- und PaaS-Anbieter, der seine Lösung im Gegensatz zu vielen Konkurrenten in einer Public Cloud anbietet. Vor ca. 3 Jahren begannen Kunden verstärkt nach einer Cloud-Lösung nachzufragen. Vor allem die Pay-as-you-go-Möglichkeit von IaaS war einer der wichtigsten Gründe, um ins Cloud Computing einzusteigen. Auch fand bei ITENOS kein vollständiger Wechsel der Angebote statt. Das heißt, ITENOS bietet aufgrund der unterschiedlichen Kundengruppen neben den Cloud-Lösungen auch weiterhin das klassische Hosting an. Das Know-how besaß ITENOS auch im Bereich der Installation von Datenbanken usw., sodass es folgerichtig war, auch als PaaS-Anbieter aufzutreten. Es werden beispielsweise Datenbankserver, Webserver und Mailserver für Kunden vorkonfiguriert und bereitgestellt. Darüber hinaus können Kunden auch Instanzen auf der PaaS-Ebene reservieren und somit selbst als Cloud-Anbieter fungieren und diese verkaufen. Noch einen Schritt weiter befinden sich die Kunden, die die Hardware von ITENOS nutzen und Software für Endkunden zur Verfügung stellen (SaaS-Anbieter). ITENOS kann somit als Layer-Player und Orchestrator gesehen werden. Das Geschäftsmodell von ITENOS sieht vor, dass längerfristig Kunden gebunden werden sollen, indem fixe Basisleistungen günstig angeboten werden und individuelle Leistungen dynamisch und schnell dazu gemietet werden können. ITENOS führt Vertrieb, Beratung und Integration selbst durch. Die Softwareentwicklung wird durch einen Partner nach dem Revenue-Share-Prinzip vorgenommen (Option des Fokussierens). Der Support wird in Form eines Callcenters selbst bereitgestellt, kann aber auch in Teilen von Kunden selbst genutzt werden (Option des Expandierens). Als Layer-Player und Orchestrator liegt es nahe, diesen Dienst wie auf einem Marktplatz bereitzustellen und als erweiterte Dienstleistung anzubieten. Die Grenzen sind an dieser Stelle stark fließend. Bezogen auf die Tab. 3.1 kann ITENOS dem Cluster 10 zugeordnet werden. Hinsichtlich möglicher Erfolgs-

Tab. 4.1 Übersicht der vorgestellten Unternehmen

	HighQ Computerlösungen GmbH	PTV Planung Transport Verkehr AG	I.T.E.N.O.S. GmbH
Cloud-Angebot	SaaS	SaaS, IaaS & PaaS	IaaS & PaaS
Zugeordnete Cluster	4 und 5	9 und 10	10
Wertschöpfungsarchitektur (Ist-Zustand)	Layer-Player	–	Layer-Player, Orchestrator
Wertschöpfungsarchitektur (Ziel-Konfiguration)	Orchestrator	Layer-Player	Layer-Player, Orchestrator
Optionen zur Neu-Konfiguration der Wertschöpfungsarchitekturen	Koordinieren	Fokussieren	–
Optionen zur Neu-Konfiguration des Wertschöpfungsnetzwerks	Fokussieren (Support wird ausgelagert)	Koordinieren (Support wird ausgelagert)	Fokussieren (SW-Entwicklung wird ausgelagert), Expandieren (Support wird ausgelagert)

faktoren konstatiert ITENOS, dass es unabdingbar ist, in einem derart hochinnovativen Markt regelmäßige Kundenanalysen durchzuführen. Des Weiteren ist gerade die Innovationsweitsichtigkeit der Partner, an dieser Stelle des Softwareentwicklungs-Partners, absolut wichtig. Der Partner sollte selbst eine Software-Roadmap entwickeln, sehen was zukünftig relevant wird und wissen, welchen Mehrwert den Kunden geboten werden muss. Auch ein nachvollziehbares Preismodell wird von ITENOS als Erfolgsfaktor angegeben.

In der folgenden Tab. 4.1 werden die beschriebenen Aktivitäten zusammenfassend dargestellt.

Möglichkeiten zur erfolgreichen Nutzung der Ergebnisse

Der vorliegende Artikel gibt einen Überblick über Wertschöpfungsnetzwerke deutscher Cloud-Anbieter. Anhand der Tab. 3.1 können sich Softwareanbieter einen Überblick darüber verschaffen, wie weit bestimmte Ausprägungen in Deutschland aktuell verbreitet sind, und sich selbst innerhalb der Wertschöpfungsausprägungen einordnen. Tab. 3.2 zeigt anschließend verschiedene Maßnahmen auf, um in eine bestimmte Wertschöpfungskonfiguration zu wechseln. Damit können Unternehmen diese tabellarische Zuweisung nutzen, um Verbesserungsmöglichkeiten innerhalb des Wertschöpfungsnetzwerks zu erzielen. Exemplarisch wird das durch die ausgewählten Fallbeispiele gezeigt. In der Tab. 4.1 werden die Fallbeispiele anhand der in Tab. 3.2 eingeführten bzw. festgelegten Begrifflichkeiten übersichtlich aufgezeigt, um die beschriebenen Erkenntnisse besser zu erkennen und evtl. für das eigene Unternehmen nutzen zu können.

Die ausgewählten Fallbeispiele zeigen, dass einzelne Ebenen im Cloud Computing selten allein (stehend) angeboten werden, da die Grenzen stark fließend sind. Weiterhin konnten durch die Analyse des Wertschöpfungsnetzwerks der Unternehmen Hinweise und Ideen für Erfolg versprechende Konstellationen gefunden werden. Entscheidend dabei ist ein klares Verständnis für das eigene Wertschöpfungsnetzwerk und die aktuelle und zukünftige Marktsituation. Leistungsseitig stellt sich die Frage, welche Aktivitäten des Wertschöpfungsnetzwerks das Unternehmen extern vergeben kann/sollte, um sich beispielsweise auf seine Kernkompetenzen zu konzentrieren. Gleichzeitig zeigt sich, dass Softwareanbieter auch neuartige Optionen verwenden, um beim Kunden Werte zu schaffen (z. B. kurzfristiges Hinzubuchen von Rechenleistung anstelle der Anschaffung von Servern bei highQ oder die Bereitstellung von Diensten, mit denen Dritte ihre Softwarelösungen erweitern können, bei PTV). Im Hinblick auf die Wertschöpfungsarchitektur können zwei unterschiedliche Möglichkeiten verfolgt werden. Beispielsweise ist hier der Wandel eines Unternehmens mit dem Ziel hin zu einer bestimmten Wertschöpfungsarchitektur (z. B. Orchestrator) zu gelangen oder unternehmensintern werden

© Springer Fachmedien Wiesbaden 2014
N. Pelzl et al., *Wertschöpfungsnetzwerke deutscher Cloud-Anbieter*, essentials,
DOI 10.1007/978-3-658-07011-3_5

Optionen zur Neu-Konfiguration der Wertschöpfungsarchitekturen durchgeführt (z. B.: Fokussieren) und dadurch die Änderung der Wertschöpfungsarchitektur angestoßen. Zum Beispiel sieht sich highQ selbst als spezialisierten Layer-Player, der sich vorstellen kann zusätzliche Dienste anzubieten sich aber gleichzeitig weiterhin auf die eigenen Aktivitäten konzentrieren möchte. Dies lohnt sich, wenn bestimmte Wertschöpfungstätigkeiten zwar kapitalintensiv sind, nicht aber von strategischer Bedeutung. Damit würde highQ zwar eine höhere Flexibilität bei der Reaktion auf veränderte Umwelteinflüsse gewinnen, dies wäre aber verbunden mit einer Abhängigkeit vom Outsourcing-Partner. Durch die Option des Koordinierens innerhalb der Wertschöpfungsarchitektur näher sich highQ dem Archetyp des Orchestrators an (Müller-Stewens und Fontin 2002).

Zusammenfassend wird deutlich, dass es sich beim Cloud Computing um eine disruptive Innovation handelt, die aufgrund des Wandels ständiger Anpassungen des Geschäftsmodells bedarf. Bei diesem Wandel können die identifizierten Typen sowie die Optionen zur Neu-Konfiguration von Wertschöpfungsarchitekturen und -netzwerken Denkanstöße bieten und als Handlungsempfehlungen dienen.

Literatur

Achatz, R. (2011). Bundesverband der deutschen Industrie: Deutschland 2030. Zukunftsperspektiven der Wertschöpfung.

Baun, C., Kunze, M., Nimis, J., & Tai, S. (2010). *Cloud computing. Web-basierte dynamische IT-Services*. Berlin: Springer.

Bitkom e. V. (Hrsg.). (2014). Cloud Computing – Was Entscheider wissen müssen. Abruf: 25.05.2014.

Bortz, J. (2005). *Statistik für Human- und Sozialwissenschaftler* (6. Aufl.). Springer.

Herzwurm, G., & Pietsch, W. (2009). *Management von IT-Produkten*. Wiesbaden: dpunkt.

Herzwurm, G., Mikusz, M., & Pelzl, N. (2011). Vernetzte Produktionssysteme als softwareintensive Dienstleister. In H.-G. Kemper, B. Pedell, & H. Schäfer (Hrsg.), *Management vernetzter Produktionssysteme*. München: Vahlen.

Heuskel, D. (1999). *Wettbewerb jenseits von Industriegrenzen. Aufbruch zu neuen Wachstumsstrategien*. Frankfurt a. M.: Campus.

Kollmann, T. (2013). *E-Business: Grundlagen elektronischer Geschäftsprozesse in der Net Economy*. Springer.

MacQueen, J. B. (1967). Some methods for classification and analysis of multivariate observations. In L. M. Le Cam & J. Neyman (Hrsg.), *Proc. of the fifth Berkeley Symposium on Mathematical Statistics and Probability* (Bd. 1, S. 281–297). Berkeley: University Press.

Matros, R. (2012). *Der Einfluss von Cloud Computing auf IT-Dienstleister: Eine fallstudienbasierte Untersuchung kritischer Einflussgrößen*. Wiesbaden: Gabler.

Müller-Stewens, G., & Fontin, M. (2003). Die Innovation des Geschäftsmodells – der unterschätzte vierte Weg (S. 18). Frankfurter Allgemeine Zeitung, 28.07.2003.

NIST. (2011). The NIST definition of cloud computing. http://csrc.nist.gov/publications/nistpubs/800-145/SP800-145.pdf. Zugegriffen: 25. Mai 2014.

Pelzl, N., Helferich, A., & Herzwurm, G. (2012). Systematisierung und Klassifizierung von ASP, Grid- und Utility-Computing Wertschöpfungsketten für Cloud Computing. Tagungsband MKWI 2012, Braunschweig.

Porter, M. E. (1985). Competitive Advantage: Creating and Sustaining Superior Performance, New York: Free Press Verlag.

Repschläger, J., Pannicke, D., & Zarnekow, R. (2010). Cloud Computing: Definitionen, Geschäftsmodelle und Entwicklungspotenziale. *HMD – Praxis der Wirtschaftsinformatik*, *47*(275), 6–25.

Ried, S., Kisker, H., & Matzke, P. (2010). The evolution of cloud computing markets.

© Springer Fachmedien Wiesbaden 2014

N. Pelzl et al., *Wertschöpfungsnetzwerke deutscher Cloud-Anbieter*, essentials,
DOI 10.1007/978-3-658-07011-3

Schallmo, D. (2013). *Geschäftsmodelle erfolgreich entwickeln und implementieren*. Berlin: Springer.

Spath, D., Weiner, N., Renner, T., & Weisbecker, A. (2012). *Neue Geschäftsmodelle für die Cloud entwickeln*. Stuttgart: Fraunhofer.

Stähler, P. (2002). *Geschäftsmodelle in der digitalen Ökonomie. Merkmale, Strategien und Auswirkungen*. Lohmar: Josef Eul.

Tietz, V., Blichmann, G., & Hübsch, G. (2011). Cloud-Entwicklungsmethoden. *Informatik-Spektrum, 34*, 345–354.

Velten, C., & Janata, S. (2011). Cloud Vendor Benchmark 2011. Cloud Computing Anbieter im Vergleich; PR-Präsentation Studienergebnisse. Experton Group AG.

Wirtz, B. W. (2011). *Business Model Management: Design – Instrumente – Erfolgsfaktoren von Geschäftsmodellen* (2. Aufl.). Wiesbaden: Gabler.